그리움도 숨을 쉬어야 산다

문학나무시선 014

그리움도 숨을 쉬어야 산다

윤영범 시집

문학나무

| 시인의 말 |

그리움을 섬기는 사람

물은 물길을 따라 바다를 섬기고
바람은 허공을 떠돌다 풍천을 섬기는데
나는 많은 길을 돌아
어느덧 그리움을 섬기는 사람이 되었다.
돌아보면 후회할 것도
반짝이며 자랑할 것도
소찮이 부끄러울 것도 없는 길이었다.
다만 나는 아직도 매일 생각과 언어와 사랑 사이의
삼거리에서 서성이다가
저녁을 맞는다.
그 첫번째 저녁 일기장을 세상에
펼쳐 놓는다.
살짝 설레인다.

차례

005 시인의 말 | 그리움을 섬기는 사람

제1부 선인장꽃

012 등푸른생선
014 그리움도 숨을 쉬어야 산다
015 가을 서문
017 옛집
019 하루살이
021 봄
022 강화길, 코스모스 밭
023 선인장꽃
024 그리움
026 12월, 달뜨다
028 겨울강
030 예감
032 화석
035 청춘
036 눈
037 숲
039 봄 2

제2부 뉴욕 포장마차

042 항아리의 자세

044 눈 2

046 효자손

048 복숭아나무를 심고

049 동치미

051 겨울 아침

053 생선가게 일기

055 도황리

057 시래기 다발

059 개미

061 뉴욕 일기

062 아버지 벌에 쏘이다

063 공사중

065 삼거리 예배당

067 안개 숲

068 일요일 오후

070 송림동

073 뉴욕 포장마차

제3부 호박넝쿨

076 오월 – 꿈
078 오월 – 눈빛
080 오월 – 미루나무
081 오월 – 전등사
082 동구
084 강화장터
085 초저녁 별에게 묻다
087 담벼락
088 섬
090 삼월, 눈
092 까치집
094 면도
095 호박넝쿨
097 이모
098 울산바위
100 달이 퍼놓은 새벽
102 젖는 일
104 맷돌

제4부 여름꽃

106 썰물
108 무게
110 스카치테이프
112 안데스의 눈물
114 얼굴
116 사랑
117 눈싸움
119 고양이
121 자리
123 여름꽃
125 폭포
126 사랑이 흐르는 것에 대하여
128 꽃나무
130 위 내시경
131 봄 장수
133 비석
135 멸치대가리

137 해설 | 이승하 시인·중앙대 교수 멀고먼 고국, 그리운 산천

제1부
선인장꽃

숨소리

붉다

등푸른생선

바다, 그 깊은 마을에선
사랑을 많이 할수록
등이 푸른가 보다
볼록한 아가미로
서로의 등을 닦아주다 보면
사랑의 언어들이
비늘이 되어
굽은 등으로
푸르게 새겨지는가 보다.

바다, 그 슬픈 마을에선
이별을 많이 할수록
등이 푸른가 보다
기억이 묻은 눈물로
서로의 등을 씻어주다 보면
이별의 언어들이
무늬가 되어

아픈 반짝거림으로
푸르게 새겨지는가 보다.

마흔을 넘어가는 가을
등이 점점이 가려워지는데
푸른 등일까 부끄러워
혼자서 거울 앞에 선다.

그리움도 숨을 쉬어야 산다

종일 개나리 어린 그늘에 숨어
그를 그리워하며 살았다.
생각하거늘
누군가 꽃그늘 받쳐 들고 나를 그리워했으면.
내가 누군가의 그리움이 되어
세상의 풍경이 된다면.
그는 연두 바람이 되고
나는 분홍 나무가 되어
봄 하나를 만드는 일.
얼었던 땅과 계곡이 녹아 따스한 숨을 쉬고
숨었던 짐승들과 식물의 순들이 눈을 떠서 숨을 쉬듯
지치고 피곤한 우리들의 그리움들이
어느 꽃그늘에서 만나
서로의 입김을 섞어 봄이 되는 일.
그리움도 숨을 쉬어야 살아가는가 보다
이 봄에는.

가을 서문

가을이 제 양식을 아끼고 아껴
만년쯤을 돌아
우리에게 왔습니다.
붉은 바람을 몰고 다니며 가을은
나무를 흔들고, 어둠을 흔들고
애인들을, 그 주황빛 입술에 대한 기억을 흔듭니다.
난 꿈틀거리는 가을의 가슴 근육 어디쯤에
얼굴을 묻고
아직 채 따라오지 못한 말씀들에게
귀를 오롯이 열어준다면
오오 가을은 잃어가면서도 퍼렇게 살아가는
계절입니다.
떠나는 것들의 영혼을 믿어주며
눈물 흘려주는 계절입니다.

먼 길로 부은 가을 발목을 만지며
한 보따리 기억의 양식을 묶어

가을의 등에 메어줍니다.
별빛이 또 만년쯤은 환할 것입니다.

옛집

그때,
무슨 소리들이 그곳에 있었더라
싸락눈 내리던 날
기와지붕의 결을 따라
도둑고양이들이 찍어대던 발자국 소리.
마루 머리에 늘어선 시래기 다발이 흔들리던 소리.
벽지에 그려놓은 그림일기 뒤로
흔들리던 백열등에 달라붙던 우리들의
웃음소리들.
그 소리들 뒤로 아득히 들리던 어머니의
밤 빨래 소리.
그리고 모두가 잠든 고요한 새벽
잠결로 뜨믄뜨믄 성경책 넘기는 소리.

영혼들이 있다면
모두 불러 다시 한번 모여 살고 싶은 집.
고양이도, 시래기 다발도, 겨울 빨래도

어머니도

지금,
그 소리들을 찾아서
눈 내리는 유니온 스트릿을 서성거린다.

하루살이

낡은 처마 등에
어떤 사랑이 꿀처럼 묻어 있어
하루살이 떼 몰려와
뜨겁게 일생의 마지막을 태우고 있는지.

여름 저녁 좁은 평상에 누워 있는 내가
너희들처럼 가슴 들끓이며
어디 달려들 곳이 없어
너희 몸 하얗게 타들어 가는
처마 등 그늘로
하루만큼도 안 되었던 나의 사랑을 꺼내
비춰 보다가

평상 가득 떨어져 쌓이는 하루살이 떼 위로
여름 초저녁 별이 아스라이 내려와
그 몸들을 덮어준다.
사랑하고 떠나야 했을 수많은 하루들이

별만큼 장하다.

언젠가 하루 종일 태워도 괜찮을
사랑 하나 얻었으면 좋겠다.

봄

삼월.
꽃은 필 것이다.
계곡은 녹을 것이고
하늘은 따뜻해질 것이다.
얼마나 쉬운가
봄이 오는 일이.
나는 그리워할 것들만 종일 생각하여도
봄은 저절로 오는 것을.
이렇게 밝은 믿음을 품고
삼월의 섬돌에 앉아
느려지는 강아지의 숨소리를 듣는 오후.
어디선가 저녁 군불 때는 냄새는
새들을 불러 모으고,
어머니의 착하고 둥근 이마처럼
환해지는 봄의 속살을
환해지는 봄의 그리움을.
삼월.

강화길, 코스모스 밭

가을이 혹 길을 잃는다면
가슴에 이름표 달고 집을 찾는다면
꼭 이 길로 되돌아올 것이다.
언젠가 청춘의 날에
그대와 내가 이 길을 걸으며
슬픈 작별을 하고
그날을 송두리째 잃어버렸던 것처럼.
가을은
코스모스 화석으로 온통 찍힌 이 길에 엎드려
엉엉 울면서 돌아올 것이다.
그날
난 바람이 되어도 좋으리
그대보다 먼저 이 길을 수없이 오갔던
기다림을 들키지 않도록
흰 햇살 머리에 점점이 찍어 넣으며
그대 눈물 반짝이게 할
바람이면 더없이 좋으리.

선인장꽃

온몸의 가시들이
무릎을 펴서
사방을 조준하는 고요 속에서
피는 것인지
지는 것인지
목마른 것인지
두근두근
숨소리
붉다.

그리움

그리움의 뒤뜨락엔
네가 서성이고, 잠을 자고, 밥을 하는
작은 집이 있어

난
저녁이 되고
어둠이 기억의 지붕으로 내려앉으면
네 집 처마에 서서
두근거리는 내 심장만 한
별을 띄우지.

그 별은 실타래처럼
흐린 빛줄기를 풀어
네 집 문을 똑똑똑 두드리고

이내 살갗 타는 설레임.
문이 열리면

문이
열리면.

12월, 달뜨다

숨겨놓은
시절 비추는
달 하나 뜨다.
꼭꼭 숨어 잘 익은
고요한 살색.
말없이 제 몸 깎아내
우울한 나무마다
명패 하나씩 매달아 주고

가끔은 우리 집 밥그릇이며 수저에 떠서
밤새 달그락 거리고,
새벽녘 겨우 손톱만큼
골목 어귀에 떠서
유년시절 우연히 보았던
여전도사님의 눈물을 비추는

내내 기억의 강을 오르다 지쳐

제 이름 명패 걸린
나무 뿌리 곁에 조용히 눕는다.
가지에 부는 바람이
살내음을 푸르게 일으킨다.

겨울강

강이
하늘의 긴 예언을 따라
겨울 손금을 흐르다 문득
제 몸이 얼어야 할 때를 알면

허공에서 발을 동동 구르던
눈발들은
강 허리를 돌아
마을의 저녁을 덮고

바람은
안개와 새들과 짐승들을 몰고
갈숲으로 간다

아득히
강의 입술이 떨리는 소리
마을이 저녁을 받아내는 소리

갈숲이 새벽을 기다리는 소리

겨울강으로
그리운 이가 찾아온다면
갈대숲에 엎드려
부릅뜬 묵연함으로 그를 엿보리

세상의 모든 생들은
겨울 동면의 싱싱한 꿈으로
휘휘 아름다우리

예감

살아간다는 것과 그대를 그리워하는 것이
같은 것이라 믿었습니다.
봄꽃이 피고 지고
가을 낙엽이 지고,
눈이 내리고 쌓여도
가슴 바닥에 떨어진 닻,
귓속 숨어있는 목소리를 믿으며
그 낭자했던 바람도
견디며 살았습니다.

그러나 지금은 살아가야 한다는 것과
그대를 잊어야 한다는 것이
같은 것임을 예감합니다.
석양은 붉게 내리고
가을이 허리 절여 비틀거리다
초설에 아득히 덮여질 때
함께 묻혀질 그리움에 대해

나는 햇살 한 점 물어다 줄 수 없을 것입니다.

그리고 훗날
살아온 세월로 부끄런 노래를 쓰는 것과
그대를 사랑했던 것이
같은 것임을 굳게 믿습니다.
소리로 만나든, 숨으로 만나든
붉은 얼굴 숨기지 못할 것입니다.

화석

1. 물고기의 화석
파도를 많이
넘은 게로구나.
심해의 푸르던 은빛 비늘이
세월의 염도로 녹슬어
사랑을 하고 고독했을
네 고단한 육체를 가려주지 못하는 구나.
그러했을 것이다.
살아 있어야 했으므로
나무를 파고 돌을 쪼개어
안식의 방을 지어야 했을 것이다.
뿌리처럼 누워있는
네 뼈들의 결 사이로
비린 바람이 분다.

2. 꽃의 화석
꽃잎이 얼마큼의

햇볕의 무게로 떨어졌는지.
네 수줍던 영토로
어떤 사랑들이 찾아와
고백을 하고 용서를 빌었는지.
꽃 그림자며 향기 같은 것들은
어떤 은총으로 인해
보이지 않는 부적으로 네 위에 찍혀 있는지.
오늘도
어느 세상의 어둔 숲 속에서
네 홀씨들은
환하게 꽃밭을 피워대고 있는지.

3. 우리들의 화석
저마다 하나씩 방을 틀고 앉아
대대로 남을 몸짓 하나씩을
새기고 있는 저녁의 사람들.
달빛, 별빛으로

젖고, 마르고, 단단해질
그러나 영혼은 떠나고 굳어 있을
차가운 화석으로
우리는 지금의 간절한
눈빛을 새겨 넣을 수 있을까
가슴을 휘도는
아직 식지 않은 피의
따스한 온도를 새겨 넣을 수 있을까

청춘

흙 속에서 튀어오른 파 한 다발에
환한 청춘을 뒤돌아 보는
노인.
그 맘이 파끝처럼 시리다
시리다
파물이 터질 듯
푸르게 시리다

눈

눈(雪)은 분명
내 밖에서 내리는데
내 몸 안에
쌓인다.

그곳의 주름진 무늬들을 덮고
소리들도 덮는다.

눈은 분명
자신이 덮어야 할 것을 알고
그곳을 응시하며 떨어지는데,
한참 동안
이 세상으로 떨어지고 있는
나는
무엇을 덮어야 하는지
작고 슬픈 것들이라도.

숲

숲엔
용서를 구하려고 무릎 꿇고 있는
나무가 없다.
용서를 하지 못해 가슴 끓이는
나무도 없다.

숲엔
하늘을 더 차지하기 위해 날아다니는
새가 없다.
가지를 더 차지하기 위해 앉아 있는
새도 없다.

숲은
그윽한 방언들로 용서를 주고받고,
고요한 몸짓으로 햇살과 바람을
나누어 갖는다.
나무들은 두근거리는

심장을 열어 새들을 부르고,
별들은 등불로 내려와
밤새 짐승들의 사랑을 밝혀준다.

숲은
슬픈 삶들이 모여
밝은 별 같은 詩를 사는 곳.

숲으로
가자.

봄 2

아궁이를 때다가 부엌문으로
슬쩍 지나가는 봄을 본 적이 있다.
앞가슴으로 따스한 아궁이를 안고 있는데
또 다른 따스한 몸 하나가
내 등으로 가만히 눕는다.
그 놈의 엉덩이를 추켜올리며
부엌문을 나선다.
초저녁 봄
얼었다 녹은 별들이 게으르게 뜨는데
등에 업힌 녀석은 잠이 오는지
가슴 뛰는 소리가 점 점 점
느려지고 있다.

제2부
뉴욕 포장마차

가슴속 숨어있는 아련한 첫사랑에

붉게 취하라 모두들

항아리의 자세

할머니의 할머니 적부터
허리를 펴고 빛을 받았네.
항아리 뱃속으로 얼굴을 묻고
밤색 햇빛이 출렁이는 고요로
얼굴을 씻네.
몰래 숨어 있던 바람이 놀라
슬쩍 된장방구를 끼고 날라가고,
눈을 반짝 떠보면
할머니의 지문에
어머니의 지문이 겹겹이 쌓여 있네.
목젖 열어 소리를 건네네.
떨림인가 울림인가
그리움 같은 두꺼운 메아리가
얼굴을 온통 감싸네.
항아리는
무엇이든 채우고 품어주는
고요한 자세로 평생을 사네.

비어 있는 아름다움이 있다는 것을
즐겁게 보았다네.

눈 2

겨울 눈이
하늘에서 땅으로 이민을 왔다.
공항으로 마중을 나간다.
모든 세상이 신기한 눈은
아내와 아이들을 연줄 달고 펄펄 내려와
맨하탄의 세탁소를 덮고
브롱스의 델리 가게를 덮고
브루클린의 생선가게 지붕도 덮는다.
겨울 동안 눈은 꿈꾼다.
빛나는 겨울 햇빛과 바람을 만나
아름다운 은빛 한 생을 보내고
따스한 봄이 세상에 돌아온다면
후회 없이 하늘로 돌아가겠노라고.

아직 깊은 겨울 밤.
눈물을 흘리며 고요히 떨어지는
눈발을 헤치며

세븐 트레인은 비틀거리며 달리고,
밤을 뒤척이던 나머지 눈발들은
새벽 기도자들을 실어 나르는
교회 밴 머리에 앉아,
하늘에 남아 있는 부모들과
세상 어디론가 떨어질 자식들의
초조한 영혼들을 위해 기꺼이 제 몸을 녹인다.
그렇게 눈 오는 새벽 플러싱은
아프게 고요하다.

효자손

손가락 닳아 해진
대나무 효자손
덩그러니 어머니 경대에 매달려
흔들거린다.
무슨 그리 가려운 기억들이 많아
효자손이 닳도록
등에 붙은 세월을 긁어 대셨을까

또는
떠나온 충청도 고향 터밭 일구던
괭이질, 호미질이 고연히 죄스러워질 때마다
흘러간 노래 박자걸이로
효자손 들어 툭툭 빈 창문을 두드리는 그 무심(無心).

물기 말라가는 어머니 작은 등짝으로
점점이 박인 가려움을 지우며 그어대던
그 낱줄과 홑줄의 금을 따라

지금 얼마나 시원한 대나무 바람이
흐르고 있을까

저 놈이 나 대신 저리도 효도하니
어머니 경대 속 고운 유산을
나 대신 물려 받지는 않을까

그래도 난 할 말이 없겠다.

복숭아나무를 심고

나무 한 그루 심고 손자놈 이름표 붙여주자며
아버지가 키 작은 복숭아나무 한 그루 사오셨다.
왜 무거운 것 들고 다니냐며 역정내는 어머니를 거들며 난 삽질을 한다.
잘 무른 봄 마당을 한 삽 푸자 까마귀 한 마리 꺼억 하며 소나무 위에서 운다.
나무를 심고 아버지와 아들과 나와 복숭아나무 이렇게 넷이서 봄볕을 맞으며
사진을 찍었다.
새순이 텄으니 이틀이면 꽃이 필 게다.
나무가지에 손자 쪽지명패 걸며
아버지는 풀어진 흰 머리카락 추스르고 꽃처럼 웃었다.
사진에는 눈물이 안 보였으면 좋겠다.

동치미

어머니 아끼는
검붉은 항아리를 열자
그 속에서 모두들
숨 죽이고 가라앉아 몸을 삭히는데
큰 동치미 무 한 토막
둥둥 떠올라 있다.
제일 먼저 떠오른 놈일까
아니면 마지막까지 가라앉지 못해
태평양 바다인 양 자맥질하는 놈일까
위에서 보면
누군가들이 떠메고 들길 지나는
하얀 상여 같고,
밑에서 보면
천둥소리에 각이 날라가 버린
조각구름일 게다.
저것을 건져내 토막을 치면
시원하게 묵은 사랑이 차례로 썰어지며

독한 냄새를 피워낼 게다.
난 그 냄새가 그리워 매일 항아리를 돌며
태평양 바다 속 같은
고요한 온도를 엿들을 게다.
그 온도가 시원할 게다.

겨울 아침

겨울새, 은빛 찬 울음
움츠린 아침의 어깨를 쪼아대고
창을 열면 저벅저벅 걸어 들어오는
옹알 찬 햇살들.

부끄러운 욕심 없이
갓 태어난 하늘과
온 세상의 무거운 생명들을 이고
엎드린 우리들의 땅.
그리고
겨울의 그물에 걸려
밤새 뒤척이던 창밖의 풍경들.

창밖의 모서리가 깨어지지는 않을까
조심스레 건져 벽에 걸고 돌아와
새들은 햇살의 결을 따라
고운 머리를 빗고

겨울 아침은
떠난 이들이 돌아올 것 같은 순은의 설렘으로
가득 차 있다.

생선가게 일기

얼음 속, 줄지어 누워
서로의 상처를 덮어 주고 있었다.
넘은 파도 수만큼 돋아난
비늘을 곱게 두르고
어느 찬란한 바다 속에서
사랑을 하고, 이별을 하고
방황을 했을 그 심해의 수온을
기억하면서

— 비늘을 벗기고 배 따 주세요.

어릴 적 짙은 들쑥 내음 같은
비린내 나는 나무 도마 위에서
비늘을 털기 시작했다.

갑자기 빛나는 추억들이 우수수 떨어지고
살며 주워온 부끄런 껍질들도 떨어지고

말갛게 드러나는 알몸
배를 가르면 쏟아져 나올까
숨겨두었던 사랑이며, 그리움들이

문득 소금기로 삐걱거리는 가게 문으로
파도가 밀려 들어와, 생선들은
얼음을 털고 일어나
작은 바다 하나를 만들고
난 새롭게 돋아날
푸른 비늘을 갖기 위해
하루 종일 파도를 넘었다.

도황리

산마루 사이로
울먹이는 초승달이 떠오르면
지친 옷 벗은 저녁이
마을 시냇가에 엎드려 쩡쩡 얼음을 깨고
머리를 감는 소리.
두어 그루 미루나무가 가지마다
마을 처녀들 소원 하나씩 흔들고 서서
흘러가는 수상한 바람들 세워
검문을 하고,
겨울 이면 그 깊이를 알기 위해
둥근 잠을 청하는 마을.
포구로 이어지는 황골 고갯길
무릎까지 깔려있는 비린 안개를 걸으며
아이들은 초겨울 무 서리를 떠나고,
꽁꽁 묶여진 고깃배가
별빛들로 만선되어 떠오르면
커다란 모래사장이 파도를 일으키며

또 다른 바다 속 세상이 되어버리는.
밤 기슭을 돌아와
마당 섬돌 신발들은 피곤한 몸을 포개어
꿈에 젖고, 새벽너머
출항을 기다리는 아버지의 기침소리가
파도 소리처럼 출렁거리던
도황리.
그 고요한 은빛 새벽.

*도황리 : 충청남도 태안군 근흥면 도황리

시래기 다발

따스했던 뿌리를 잃고
시절 내내 다스린 꽃대도 잃고
빈 대청마루 처마에
바삭거리는 숨소리 하나씩 물고
줄지어 매달려 있다.

누이 댕기 고무줄로 한 묶음
어머니 무명 고름으로 한 묶음
검정 운동화 끈 풀어 또 한 묶음 묶어놓으면
바람은 비로소 우리에게
죽지 않고 흔들리는 법을,
겨울 햇빛은
알맞게 젖고 마르는 법을 가르쳐 주었다.

간혹, 시래기 다발 속에 숨어
빠져 나오지 못한 햇볕이 남아있어
한 사발 저녁 된장국을 먹고 나면

우리들의 속은
새벽까지 따스했다.
그만큼씩 우리들의 키가 커져갔다.

이제
부딪치고 비틀린
몸 하나씩으로 남아
아직도 배우지 못한
사랑하는 법을 배우려고
세상의 빈 대청마루 처마에 서있다.

봄이면
누이 댕기같은 무 새순이
'사랑' 하고 말하며 피어날 게다.

개미

이른 아침.
고추 잎대를 오르고 있다.
새벽 별빛이 채 마르지 않은
더듬이 열어 사방을 경계하고,
주머니 하나 달리지 않은 각질을 번뜩이며
오르락내리락 생의 일부를
고추 잎대에 덜어내고 있다.

잠시 머뭇거린다.
춤을 추다 바람에 베인 춤꾼 처럼
노래 부르다 소리에 찔린 소리꾼 처럼
고개 숙이고 있는 너는
길을 잃고 울고 있는 것임을
나는 안다.

내 꿈도 언젠가 너의 검은 각질처럼
빛날 때가 있었지.

너보다 더 빠른 걸음으로
나무에 오르고, 강을 건너고
매일 낯선 먹이를 날랐지.
날선 손톱과 발톱으로 이 지구의
모서리를 깍아
집을 짓고 아들을 낳았지.

서서히 내려온다.
고추씨만한 먹이 하나 얻지 못하고
다리 절며 내려오는 외로운 눈빛을
띄엄 띄엄 고추 잎대에 새겨 넣으며

땅으로 또 다시 질주한다.
경쾌한 속도에 맞춰
나의 녹슨 심장이 뛴다.

뉴욕 일기

열 살 아들이 전화를 했다.
"아빠, 나 hair cut했어."
"응, 잘했어. 이따가 보자."

늦은 밤 집에 들어가
잠든 아이의 머리를 쓰다듬는다.
그러다 가슴이 아련해 오면
내 가슴을 대신 쓰다듬는다.

쏟아 들어오는 별빛으로
눈이 따끔거리고,
가슴도 따금거리고

머리결처럼 고운
아이의 꿈 옆으로
고단한 잠자리를 편다.

아버지 벌에 쏘이다

내일모레면 여든
죽은 점 섬섬이 박힌 아버지 팔이
벌에 쏘여 잔뜩 부었다.
그놈 벌 한 마리
마지막으로 일생의 힘을 다해
침을 쏘았나 보다.
꿀 한 점 없는 침.
그 침을 살 속에 넣고 허허허 소독약 바르시는 아버지.
벌처럼 남겨두었던 인생의 마지막 비장의 무기를
궁리하시는 걸까
굵은 침 한 방을 유산으로 남긴 그 놈이 부러웠을까
하루 종일 내 가슴이 벌 소리를 달고
잔뜩 부어 있었다.

공사중

눈이 내리고 비인 맑은 하늘.
바람이 세상을 건너는
하늘 한편에 '공사중' 이라 씌어 있습니다.
아마도 새들이 지워진 금을 다시 긋고
길을 새로 내는가 봅니다.

바람이 데려온 인연들을 허공에
뿌려 놓으면,
새들은 분주히 그 인연들을 마을로 날라
몇은 사과나무에
몇은 시냇물가에
몇은 얼어붙은 기와 처마에 물어다 놓고
그것들이 크는 것을 지켜봅니다.

이리 멀리도 날아와
꿈처럼 아득히 살아가지만
가슴속 틔어진 그곳의 하늘은

늘 시리도록 그립고 아픈 곳입니다.
바다도,
하늘도,
꿈도 공사중인 곳.

이 밤 눈이 또 한바탕 내리고 나면
새들은 또 빈 하늘에 공사를 시작할 것입니다.

삼거리 예배당

지금
그곳에도
눈이 내리고 있을 게다.

겨울 바람들이 부딪혀
쉬어가는 안흥 삼거리.

예배당 뒤뜰
싸락눈이 바람을 내쫓고
쌓이기 시작하면
우린 새벽 풍금 소릴 따라 모여
눈을 쓸고
삼거리 길을 냈다.

어느 길을 갈지 몰라
마을을 만들고 사는
삼거리 사람들.

젖은 몸으로 예배당 나무의자에 앉아
서로의 상처를 엿보다가
눈이 아파하는 소리
눈이 서로를 덮는 소리
하얗게 겨울 새벽이 지는
소리를 들었다.

새벽 풍금 소리는
늘 따스했다.

안개 숲

새벽 안개 숲
보이지 않는 길을 헤치며 걷다가
문득 뛰쳐나온 안개 하나에 걸려
넘어졌다.
생각했다.
시절을 다스릴 그리운 사람 하나
지고 가는 것이
이토록 무거운 발걸음일 줄이야.
한 걸음씩만
길을 터주는 안개 같은 세상.
한 모금씩만
숨을 틔여주는 하늘.
다른 길은 없었다.
말갛게 다시 떠오르는
안개 숲속 오솔길
죄 같은 그리움 하나 추켜 업고
젖은 길을 걷는다.

일요일 오후

플러싱 한양서점 유리창으로
흐린 하늘이 낮게 기웃대더니
시집 한 권 들고 나오는 길에
봄비가 내립니다.
그러니
젖어가고 있습니다.
튀쳐나온 3월 하루가 젖더니
어느새 가슴에
멍 같은 샘물 하나 생겼습니다
집으로 오는 길
그 샘물에 많은 것들을 비춰 보았습니다

새들이 떠나온 둥지 속의 적막함, 나무 새순이 트는 새벽의 고요함,

봄비에 젖던 옛 애인의 청치마, 자유공원을 날던 비둘기 떼,

희긋거리는 귀밑머리, 노던 블러바드 담벼락의 뜻모를 낙서들.

긴 봄 풍경 모두가 젖어서
따뜻한 오후입니다.

송림동

소나무 향을 찾아서
온 사람은 아무도 없었다.

보리쌀을 씻는 소리들이
아침의 아랫도리를 벗기며
도랑을 타고 바다로 가고,
누이들이 부푼 가슴에 놀라
수줍게 얼굴을 닦는 아침.

박문사거리 정류장으로
6번 사각 버스가 절뚝이며 들어서고,
날마다 알맞게 분주한 만원버스 속에서
우린 솔잎 같은 눈을
껌벅이며 키가 커가고.

빨래 같은 구름들이 종일 몰려다니다
제철공장 굴뚝으로 빨려 들어가고,

새벽에 나갔던 아비들이
이마에 훈장 같은
두통 하나씩을 달고
웃으며 언덕길을 오르는
엄숙한 저녁.

수도국산 꼭대기 집들이 키우는
개들의 울음소리가
별을 스쳐 마을을 덮으면,
애들은 잠이 들고
집들의 아비들은 슬레이트 지붕을 떠도는
달빛으로 눈을 닦는다.

저녁달이 제 몸을 달구며 훤해질 때
그때서야 어디에서부턴가 시작된
짙은 소나무 향이
온 마을로 번지곤 했다.

*송림동 : 인천시 동구 송림동

뉴욕 포장마차

플러싱 골목 코너에 새로 생긴
'뉴욕 포장마차' 앞을 지난다.
지쳤던 심장 박동이 문득
새 배터리를 넣은 벽시계처럼 꿈틀거린다.
길을 멈추고 소매 끌어당겨
서리 낀 유리창을 닦고 들여다본다.
포장도 바퀴도 없는 포장마차
원탁도 구멍탄도 없는 포장마차
사람들은 Made in Korea 붙은
참소주 병을 목탁처럼 두들겨 가며
가버린 금순이를 찾고,
미끈거리는 아메리카 치즈에 닭똥집 포크로 찍어
서로의 입에 넣어준다.
어느새 유리창이 벌겋게 달아오르고
기대 선 내 몸도 달아오르고
난 뒤돌아 그들을 위해 축복한다.
취하라, 취하라 다들.

포장마차 안은 오직 떠나온 자들의 고된 꿈을
용서하는 곳이니
주머니 속 너절한 아메리카 드림
휴지통에 구겨 넣고,
오늘은
비틀거리는 꼼장어에,
초겨울 뉴욕의 오뎅 국물에,
가슴속 숨어있는 아련한 첫사랑에
붉게 취하라 모두들.

제3부
호박넝쿨

우주 모서리의 여름을 넘는다

오월 – 꿈

오월 나무가지 위에 새처럼
앉아 있었다.
밤새 비에 젖은 꿈을 부끄런 날개처럼 접어
겨드랑이에 깊게 묻고,
따스히 내려쬐는 햇빛에 몸을 말리며 생각했다.
꿈이란 이리 접으니 고요하구나.
단지 슬며시 뿌리 내리는 두통뿐.
늘 오월은 그렇게 시작하였다.
난 대출서류를 준비하고,
아내는 단발머리로 짧게 자르고,
어머니는 병원 예약일을 달력 가득
동그라미 쳐놓았다.
삶이란 맘먹으면 최소한 한 걸음씩은 틔여주는
안개길 같으리.
더 높은 가지로 뛰어오른다.
더 높은 바람이 분다.
젖은 꿈이 마르던 고요를

오월이 되면 난 기억하고 있었다.

오월 - 눈빛

오월은 왜 살아서
자꾸만 돌아오는가
우리들의 땅은 이미 젖어서
목마른 꽃씨들 자리 틀 때마다
그윽히 아파오는데
하늘 끝에서
강물 끝에서
충혈된 두 눈 태우며
우리의 낮고 외로운 자세를
지켜보는 오월의 눈빛.

초록으로 가슴을 앓는
나무들의 상처를 무심히 쪼는
새들의 굽은 관절에서도
번득이는 햇살아
우리의 부끄런 무릎은
어느 깊은 오월의 그늘을 쓸고

숨죽이며 접어야 하는가
오월아 미치도록 푸르지 마라
오월아 지친
두 눈을 감아라
오월아.

오월 - 미루나무

둥글게 흔들리는
미루나무 한 그루
봄바람과 무슨 그리
사랑 이야기를 나누는지
수선스레 흔들거리고.
혹시 바람에게 아들 하나
낳게 해달라고 졸라대는지
해 저물도록 잉잉 대다가,
바람이 노을을 입에 물고
나뭇가지 속으로 들어가
가만히 옷을 벗는다.
가지 위에 딸국새 한 마리
숨죽인 채 울지도 못하고
출렁이는 가지에 놀라
딸국거린다.
딸국.

오월 - 전등사

심장이 펄럭펄럭 뛰는
빛들이랑
눈물 젖어 사방 반짝거리는
아카시아 꽃잎들이
전등사의 굽은 지붕 처마를 따라 흐르고,
복숭아뼈 튀쳐나온 고목하나
동갑내기 탑을 마주 보고 서서
오고가는 사연도 듣고,
오고가는 세월도 지키고.
한 바퀴 무심히
돌고 가는 우리의 등을
너그러운 바람이 떠민다.
노을에 익은 햇살 가득 찬
오월 빈 석등이
초저녁 풍경 소리에 쫓겨
서둘러 진다.

동구

삼거리에 우물쭈물 서있는
낙엽 태우는 냄새.
살얼음 낀 노을이
완행버스를 따라
동구 밖으로 빠져나가면
산 그림자가 입을 꼬옥 다물고
굴뚝 연기에 참았던 눈물을 뚝뚝
쏟을 것 같던.

늦가을 초설을 기다리는
동구의 별과 달 그리고 지붕들.
평안한 짐승들이
젖은 언어로
천년 된 느티나무를 흔들어대는
마을.

할머니가

삼거리에 앉는 듯 서서
산 그림자가 전해준
눈물을 씻네.

강화장터

겨울 강화장터에서 파는 봄은
유난히 비싸다.
좌판을 기웃거리며
호주머니를 뒤적거린다.
마른 자반고등어 등판에,
수북히 쌓아놓은 달래나물 언저리에,
걸어놓은 꽃무늬 몸뻬바지 밑단에
조금씩 묻어 있는 봄을
못내 사지 못하고 돌아오면서
어머니 같은 겨울에게
한없이 미안했다.

초저녁 별에게 묻다

초저녁 별이
삼십 촉으로 떠서
가을이 몇 번씩 들어와 몸을 씻던
샛강으로
고요히 내려와 떨고,
저녁과 국경을 맞댄
동구 밖의 초병 나무들은
밤 껍질처럼 반짝이는 눈빛으로
짐승들의 길을 비춰준다.
건너온 몇 개의 국경을
생각한다.
별과 밤 사이의,
사람과 사랑 사이의,
꿈과 바다 사이의,
그리고
초저녁 별에게 묻는다.
마지막 국경을 건너는 날

별들의 뼈를 깎아 샛강에 뿌리면
반짝이는가.
침묵하며 가라앉는가.

담벼락

4월이 꿈 같은 바람을 안고 봄을 건너다
그늘에 앉아 쉬는 곳.
그곳은 이미 몸 데워진 민들레와
발정난 강아지풀이 허리를 드러내고 서서
서로의 입술을 노려보고 있는 곳.
그림자들은 엄마의 허락도 없이
종일 밥도 안 먹고 놀고,
담벼락 밑둥
유년의 슬픔들이 점점이 굴러와 쌓이면
개미들은 식량인 듯 하나씩 업어 나르고
누구도 밟지 못하게 햇빛은
쩡쩡한 망을 보고 있다.
여백 없이 시선 가득 찬 담벼락에 기대어 졸던 4월이
제 꿈에 놀라 깨어
두리번거리다
바람 안고 담을 넘는다.

섬

늘 젖어 있어
바닷새 울음의 염도로
체온을 지켜가는 곳.
피어나는 들꽃들이
비리고 싱싱한 소리로
파도를 불러 모을 때,
바다가 파도를 시켜
꽃의 꿈을 들여다보는.

흠뻑 젖은 바다가
봄 바람에 몸을 말리다
방파제 위 엎드려 잠이 드는데
그 잠결로 출항을 준비하는 어부들이
그물을 펴고,
섬의 아낙들은 바다의 아랫도리를 보고
낄낄거리는 곳.

바다를 따라 뭍으로 가려고
섬은 달빛으로 고운 화장을 하고
아쉬운 이별로 꺼억대는
바닷새들이 밤새
굴바위 쪼아대는 곳.
젖은 섬.

삼월, 눈

봄이 동구 밖에서 두리번거리는데
하늘에 남아 있던 눈이
최선을 다해 떨어진다.
이 땅에선
꽃이며, 풀이며, 나무와 바위들이
두근거리며 축복을 기다리고 있는데
삼월의 하늘은
또박 또박 눈발을 뿌리며
자기의 세상을 환하게 만든다.
비로소 믿게 되는 것은
남은 눈이 모두 쏟아져
새벽녘 빈 하늘에 별이 뜨면,
멀리서 씨앗으로 날아와
겨울 내내 엎드렸던 민들레, 개들쑥, 초록냉이들이
제 몸을 툭툭 털어내며
시린 코끝을 훔칠 것이다.
아침 햇살이

그 코끝에서 찬란할 거다.

까치집

잎이 지자
상수리나무 가지 끝
보담스런 까치집 하나
달꽃처럼 떴다.

날개 품 팔아
가지 하나씩 공양하였을 터인데
그새 둥근 소래박 촌집 하나
대견하게 영글었다.

집이란 저렇게
허락도 용서도 필요 없이
햇살과 달빛과 바람을
받아 놓는 곳.
저 속은 정성스럽게 비워져 있어
꿈 같은 생명들이 가득 탄생하고
트인 하늘을 우러르며

식구들이 엉켜 잠이 드는 곳.

별도 채 지지 않은 새벽
아랫도리 어설피 두른 까치 한 마리
둥지 처마에 올라앉아
태몽 같은 울음
시원하게 울어댄다.

면도

살아 있어
아침마다 살갗으로 삐져나오는
수염을 깎는 일.

떠나간 이들로 하여
묘지마다 덮인 흙 밀고 삐져나오는
들풀을 깎는 일.

모두가 생을 대하는 아픈 노동.

그러나,
죽은 자들은
산 자들보다 더 뜨거운 사랑으로
들풀의 뿌리를 키우나 보다.
풀 내음이 거룩하다.

호박넝쿨

비오는 아침
호박 잎새들이 서로의 몸을 덮으며 출렁인다.
탯줄처럼 싱싱한 맥박을 가진 초록 줄기들이
빗물이 흐르는 방향으로,
바람이 흐르는 방향으로,
그 옛날 내 사랑이 정신없이 흐르던 그 방향으로
서로 엉켜
목마른 여름 구석 한 평을 태우고 있다.

빗소리를 따라 내려다보면
저렇게 제 몸을 나누고 나누어줘도,
다른 몸들을 이유없이 받아주고 함께 뒤틀어져도
호박넝쿨은 장하게 울타리를 넘고,
나팔만한 노란 꽃을 피우고,
그윽한 열매를 맺는다.

내게로 넘어온 넝쿨 줄기 하나를 잡고

내가 넘겨줄 또 다른 줄기 하나를
뒤적거리며
편안한 호박넝쿨 한 줄이 되어
우주 모서리의 여름을 넘는다.

애호박 하나가
커다란 잎 밑에 숨어
세상이 젖어가는 것을 엿보고 있다.

이모

사월 바람같이 편안한 이름.
엄마를 닮은 이름.
가끔은
생각날 적마다 슬퍼지는 이름.
숨어서, 인생 어딘가에서
나를 몰래 훔쳐보고 있을 이름.

울산바위

두 마리 고등어를 우리 집 식탁에 빼앗긴 동해바다는
지금 엉엉 울고 있을 테고,
몇 만 톤 눈을 쏟아버린 하늘은 지금쯤 텅 비어
심한 우울증으로
차디찬 두통을 앓는 설악.
커다란 사랑니 뿌리처럼
천만년 사연을 박고 서서
뿌연 안개구름을 새벽부터 씹고 있다.
눈 쌓인 절벽 타고 군데군데 흘러내리는
소나무의 영혼들.
미시령 허리를 조이다 말고 몰려온
몇 무리 바람에 얼굴을 씻고,
초겨울 비린 눈발.
동해에서 갓 건져낸 금빛으로
어깨 타고 빛나려 할 텐데
너는
무슨 시린 사랑으로

그 큰 가슴을 치고 있는가

달이 퍼놓은 새벽

달이 퍼놓은 새벽이
얼마나 깊은지 보려고
동구 밖으로 마중을 나갔습니다.

달이 아픈 허리를 들고
밤새 별들에게 착한 인생을 가르치는
가을밤.

곧이어
인생을 배운
별들이 쏟아놓은 그물에
귀뚜리며, 다람쥐며, 부엉이며, 삽살이 그런
짐승들이 걸려
사방 울어대고 있습니다.

새벽에는
몹시도 절실한 생명들이 오가는 다리가 있어

달은 제 몸을 후끈 데워 그 다리를 비추고,
군데군데 파먹은 미루나무 그림자가
영웅처럼 엎드려 꿈틀거리는.

별들이 왜 이리 들떠
잠들지 않고 푸른 눈으로
내 마중 길을 따라다니는지,
앞서 총총대는 삽살이가
긴 울음을 달고
가을 새벽을 쓸고 갑니다.

젖는 일

생을 살면서 젖는 일.
아침 이슬과 햇살에 젖고,
저녁 노을과 어둠에 젖고,
우연을 만나 설렘에 젖고,
이별하며 그리움에 젖고,
한번쯤 종일 기다림에 젖는 일.

나무처럼 서서 젖고,
바람처럼 흐르며 젖고,
새처럼 날며 젖는 일.

젖는 날이면
우리는 충분히 침묵할 수 있음을.

눈부신 어느 날
젖은 것들을 모두 건져 올려
크고 따스한 바위 위에 널어놓을 수 있을까

두 손으로 잡고
툭 툭 툭 털어내면서

맷돌

그것이
돌아가던
돌아가지 않던
세상의 점 하나.
돌아갈 땐 죄를 짓고
서면 우두커니 회개하는.
생을 햇살에 불려
바람으로 돌리면
인연의 사연들로 곱게 갈아지는,
기억들이 한 수저 우루루 빨려 들어가
남김없이 그리움으로 갈려
흘러내리는
참 무거운
시간.

제4부
여름꽃

뜨겁게 피어도

하얗게 져야 아름다운

썰물

발톱 짧게 자른 썰물이
소금기 빛나는 석양의 허리를
썩썩 자르며 뻘밭을 빠져나가고 있다.
어둠을 기다리던 구름들도
썰물을 따라 하늘을 빠져나가고,
밤마다 고요히 육체를 빠져나가는
영혼들의 속울음처럼
바닷새들의 울음소리만이
빈 턱을 괴고 앉아있는 바위섬을 쪼아대기 시작한다.
땅거미 꾸물거리는 갯벌이 길게 드러누워
수척한 바다를 불러보지만
어둠이 짙어가는 만큼씩 더 멀어지는 바다는
미처 빠져나가지 못한 사연들이
초조히 수선거리는 모래톱과
길 잃은 더운 바람들이 떠도는 해안선이
아쉽기만 하다.
우린 온몸을 기울여

떠나고 돌아오는 시간의 방파제 위에서
어둠보다 더 짙은 바다의 심장 소리를 듣는다.
뻘밭 같은 육체를 다시 덮기 위해
간절함으로 밀물되어 돌아오는 바다의 꿈을 듣는다.
제 몸을 태우던 썰물은 어느새
석양의 그림자로 비리게 물들어 가고,
등 굽은 바위섬 몸을 털어
바닷새들을 쫓는다.
새들의 울음소리가 썰물 소리 위로
뚝뚝 끊긴다.

무게

천 살 바람의 무게.

만 살 햇살의 무게.

일흔 살 어머니 무게.

만 살 햇살 속
천 살 바람 맞으며
일흔 살 어머니가 운다.

온 생애가 그러했듯
어머니가
아들 손을 꼭 잡고
운다.

그 눈물이
만 살 보다도

깊고 맑다.

스카치테이프

말려진 스카치테이프의
끝을 찾아 더듬거리며
몇 바퀴를 돌린다.
손끝으로 아무 느낌 없이 미끄러져
제자리로 돌아온다.
도데체 놓쳐버린
끝은 어디 있는 것일까
아니 놓쳐버린
시작은 어디 있는 것일까
분명 부끄러워
어디엔가 숨어 붙어 있을 것인데.
손톱을 세워
돌려가며 긁는다.
그러다 오는 느낌, 손끝으로부터
가슴을 거쳐 짧은 빈혈처럼
머리로,
눈으로 퍼지는

그 용서함, 설렘.
조심스럽게 잡아당긴다.
다시는 놓치지 않도록
내가 살아온 길의 처음처럼
아니 끝자락처럼.

안데스의 눈물

은빛 머리카락을 풀어헤치고
안데스는 길게 누워 울고 있었다.
검푸른 속살의 그림자로
바람이 불어댈 적마다
두근두근 산맥의 장엄한 맥박소리가 들려오고
안데스의 사람들은 그 소리가
어머니의 숨소리라 믿고 있었다.

용서를 얻지 못해 괴로워하는
들새들의 초조한 울음 소리와,
열매를 맺지 못해 슬퍼하는
나무들의 헐벗은 흔들림을
안데스는 그윽한 가슴을 열어 듣는다.

산허리를 두른 푸른 별빛이
마을 사람들의 부끄런 죄들을
밝혀주는 밤.

안데스가 허리를 뒤척여
잉태한 안데스의 사람들은
서로 사랑을 하고,
사람을 낳고,
떠나 보내고,
또 그리워한다.

눈물에 젖은
안데스의 가슴속에서
난 온몸을 세워
붉게 흐르는
어머니의 맑고 싱싱한 맥박소리를
듣는다.

얼굴

달의 얼굴을 보기 위해
강물을 들여다봅니다.
차갑게 언 볼이며, 눈물이며, 별빛이 박인 보조개가
보입니다.
그의 신비스러운 목소리를 듣고 싶어
밝은 돌 하나 던져 봅니다.
돌은 떨리는 달의 입술을 쥐고
강물의 하늘로 가라앉고,
달은 이내 고요한 소리를 풀어
강가를 덮습니다. 기억이
가슴을 덮듯이

바람의 얼굴을 보기 위해
꽃을 들여다봅니다
머물다 떠난 미소와, 아쉬움과, 나비의 몸짓이 박힌 눈썹이
보입니다.

그의 비밀스러운 속살을 느끼고 싶어
꽃대를 흔들어봅니다.
바람은 이미 꽃잎에 한바탕 살림을 피우고 돌아갔는지
꽃잎이 느린 박자로 고개 떨굽니다. 또 기억이
느리게 가슴을 떠나듯이

사랑

세상에 대한 겨울의 사랑은
눈을 뿌려 밝혀주는 것.
겨울에 대한 나무의 사랑은
빈 몸으로 흔들리는 것.
나무에 대한 새들의 사랑은
가지를 품어주는 것.
새들에 대한 하늘의 사랑은
길이 되어주는 것.
하늘에 대한 별의 사랑은
숨 막히게 빛나는 것.
별에 대한 詩의 사랑은
부끄러운 마음을 들키는 것.

사랑하리
사랑하리 하면
사랑할 수 있을까
흰 눈으로 저녁은 지는데

눈싸움

나무 아래 들새 새끼 한 마리 떨어져 있었다.
뒤뚱 걸음으로 종종 풋울음 울어대고
다가서는 나를 향해 어미새 날라와
낮은 가지 위에서 푸드덕거리며 큰 소리로 울어댄다.
어미새는 새끼새와 나를 번갈아 바라보았다.
마주친 어미새와의 눈싸움.
온몸의 피가 눈으로 몰린 듯
검붉은 어미새의 눈빛.
부푼 가슴은 깊은 호흡으로 떨리고
가끔식 펴는 날개는 날선 바람을 일으키고 있었다.
순간 나와 세상은 말없이 얼어붙고 있었다.
나에 대해 목숨을 거는 새 한 마리
무섭고 부러웠다.

세상의 모든 어미들은 평생을 목숨 건 눈싸움에
그렇게 충혈되어 있나 보다.
오늘 생각할수록 뜨거워지는 여름 아침 풍경 하나가

내게 있었다.

고양이

목련 나무 아래
저놈 수염 끝에 매달린
젖은 욕망 하나도
내게 없다는 생각에
팔뚝에 누운 털들이
갑자기 일어선다.

마음 끝에
아슬아슬하게 매달린
말라버린 사랑 한쪽 잘라
저놈에게 던져주더라도
냄새도 맡지 않을 것 같아
오후 내
팔뚝에 털이
자질 않는다.

그놈 서리 찬 눈빛이

지는 목련 잎을 사방 밟아대고
사월은 목련 물로
흥건하다.

자리

아직도 꿈이 점 점 묻어 있는
이부자리 접으며 문득
이전 세상 어디쯤에서
점 하나를 얻어 살았을 내가
어머니 몸속에서 한 뼘을 얻어 살다가
이생의 땅 한 평 자리를 빌려
눕고 서고 생각하고 사랑을 할 수 있다니.
겨울 볏대가 꿈을 품고 앉아있는 자리.
어린 봄이 서성이는 자리.
그 뒤로 시내가 녹으며 잉잉대고 누워있는 자리.
봄비로 가슴이 젖어가는 산마루까지
그곳을 다 돌아
먼 어느 곳에 우리가 돌아갈 자리.
우리는
살아온 서로의 자리를 엿보며
봄꽃 같은 하얀 고백을
할 수 있을지.

따뜻했었다고.

여름꽃

결국은
소나기 끝에
뜨거운 바람 끝에
천둥 번개의 날카로운 사선 끝에
목숨을 다해
피는 꽃.

결국은
매미 울음 끝으로
초저녁 별빛 끝으로
누이의 빨래 그늘 끝으로
목숨을 다해
지는 꽃.

결국은
뜨겁게 피어도
하얗게 져야 아름다운

여름꽃.

폭포

구름이 머릴 풀어
은빛 댕기를 매고
젖은 춤을 춘다.
그 육체가
이토록 아픈 노래를 부르며
젖은 영혼이 되어
땅으로 떨어지는 것은
세상 모든 뿌리들의 사연과
거친 바위들의
기억들을 모두 닦아줘야 함인데
그러한
하강의 울음이
서럽지 않고
몹시 푸르다.

젖은 춤이 사방으로
튄다.

사랑이 흐르는 것에 대하여

저녁 빛은 오늘도 어두움에게로 가고
강물은 메마른 곳에서 아낌없이 몸을 푸는데
우리는
사랑이 어디로 흘러가는지 알지 못한다.
사람들의 가슴마다
사랑이 고여 있기 때문이다.

일생이란
가슴을 터뜨려
사랑을 흐르게 하는 것.

터진 사랑은 제 길을 찾아
길 잃은 겨울 아이에게로
야윈 어머니에게로
돌고 돌아 우리의 상처난 새벽으로

세상의 모든 차가운 그늘을 짚으며

고요히 흐를 것이다.

꽃나무

꽃들은
햇살과 땅을 온전히 믿고
바람에 기대어 피어난다.

꽃들은
살아가며 정성으로 진액을 빨아올려
온몸을 태우는 냄새로 운다.

꽃들이
우주를 향하여
단 한번 잉태한 찬란한 꽃봉오리.

그리고
눈물을 말리며
한 잎씩 쓸쓸히 떨구는 꽃잎.

세상은 차고

빈 가지 서러워도 푸른 물관으로
흐르는 뜨거운 목숨.

꽃나무가 간절히 청춘에게 전하려는 것은
온몸을 비틀어 한번이라도 꽃을 피우라는 것.
그 끝이 노랗든, 붉던, 희던
목청 터지도록 노래해 보라는 것.
울어 보라는 것.

꽃나무 그늘이
유난히 깊다.

위 내시경

마취된 목구멍 지나 식도를 뚫고 들어가는 검은 호스.
구부러진 내장을 따라 몰래 카메라로
내 몸을 죄송스럽게 훔쳐보는 일.
언젠가 슬프게 먹었던 사랑 한 조각이 아직도 남아 있을 것 같아
찾아보는 일.
위장 끝에 염증처럼 붙어 있을 그녀의 작별 인사를
톡톡 건드려보며 구역질 한번 해보고.
아직 소화해야 할 양식 같은 기억들이 너무 많아
의사 선생 눈 맞추며 수줍어하는 일.

이 세상의 내장 한가운데에 누워서

봄 장수

수레 가득 싣고 봄 장수 하나 지나간다.
봄 사세요, 봄 사
봄이 왔어요.
창을 열고 소리친다.
봄 하나 얼마예요
제일 작은 것으로
내 눈물 닿으면 바로 피어나는 것으로
내 가슴에 넣으면 바로 꿈틀대는 것으로
봄 하나 싸게 주세요.
그렇게 봄 하나 사서 방에 밀어넣고
생각에 잠긴다.
그것이 피어나 이 문을 열고 나오면
어떤 인사를 하지.
그것이 부끄런 꽃이나 풀로 살아가겠다면
어떤 사랑의 말씀을 해주지.
그것이 울면서 떠나겠다면
산이나 강으로 주인을 찾아 떠나겠다면

노란 이름표라도 가슴에 붙여줘 보내야 하나
봄 저녁, 맑은 두통
방문이 흔들린다.

비석

저리 서서
고운 뿌리를 내리는 일이
쉽지 않으리라.

새들이 앉던 자리
석양이 털고
달빛이 다시 누워도
남은 사랑 위해
뒤돌아서지 못하는
단단한 바람의 고개.

누군가 씻어준 이도
있었으리라.
멍든 가슴팍 닦던 삼베 천으로
혹은 가끔씩 떠돌다 돌아오는
승냥이 울음소리로

뿌리 내리는 날
찾아오리라.
어떤 울음이 기대어도 쓰러지지 않는
어떤 남은 사랑이 흔들어 대도 넘어지지 않는
비석 가슴에
가는 이, 오는 이 서로 곱게 인사하도록
꽃 등불 하나 걸어 놓으리라.

멸치대가리

눈은 뜨고 있는데
몸이 없어 그대 곁으로 갈 수가 없다.
가슴은 없는데
가슴이 아프다.
심해의 기억은 은빛으로 살아있어
남은 것은
온통 그리움뿐.
한 마리도 안 되는 눈빛뿐.

첫 시집의 출간을

진심으로 축하한다

시인의 제2시집이

벌써부터 기다려지는 것은,

다음 시집에서는

한국에서의 추억이 아닌

미국에서의 애환을

다룰 것으로

예상하기 때문이다

|해설|

멀고먼 고국, 그리운 산천

이승하 | 시인 · 중앙대 교수

　윤영범. 1967년 인천 출생. 제물포고 졸업. 인하대학교 무역학과 졸업. 2001년 미주중앙일보 신춘문예를 통해 시 「생선가게 일기」가 당선되어 미주 문단에 이름을 올려놓게 되었고, 2006년에 계간 『문학나무』를 통해 한국 문단에도 정식으로 명함을 내밀게 된 시인이다. 하지만 한국 문단에서는 아직 미지의 인물이다. 미국 쪽에서의 등단을 기점으로 하면 15년 만에, 한국에서의 등단을 기점으로 하면 10년 만에 첫 시집을 내게 되었다. 늦깎이도 이만저만한 늦깎이가 아니다.
　대학 졸업 후 전자회사에 취직하여 안정된 직장생활을 하던 중 IMF 구제금융 위기를 맞게 된다. 근무하던 회사도 약간의 금융위기가 있었고, 그는 이때를 인생의 전환점으로 삼아 이민 보따리를 쌌다. 1999년 8월이었다.

판단을 잘 못했다는 생각이 들 만큼 미국에서는 오히려 고생문이 활짝 열렸다. 생선 도매를 시작으로 일식집, 이태리 식당, 식료품 가게를 차례로 열어 몸이 부서져라 정말 열심히 일했다. 이민생활 어언 17년째, 지금은 약품 도매업을 하고 있다.

일면식도 없고 목소리도 들어본 적이 없는 미지의 시인을 위해 시집 해설을 쓰기로 마음먹은 것은 『문학나무』 편집위원이라는 처지 때문이기도 했지만 윤영범 시인의 17년 동안의 고생과 실패 혹은 외로움과 그리움을 시를 통해 확인해보고 싶었기 때문이다. 해설자는 2013년에 『집 떠난 이들의 노래-재외동포 문학 연구』란 책을 낸 바 있는데 제2부의 제목이 '재미 시인과 소설가를 찾아서'였다. 거기서 다룬 시인은 마종기·송석중·박만영·조옥동·차신재·정국희·곽상희였고, 소설가는 박경숙이었다. 그 뒤 석상길 시집 해설도 쓴 적이 있는 등 재미 시인들과 작품을 통한 만남이 계속해서 이뤄지고 있던 터였다.

윤영범 시인을 내게 소개시켜 준 이는 뉴욕에 거주하는 곽상희 시인으로서, 두 사람은 사제지간이다. 미국에 가자마자 윤영범은 곽상희 시인을 스승으로 모시고 '창작 클리닉'이란 소모임에서 시 창작을 공부하기 시작했다. 제물포고 문예반에서 만난 장석남(2년 선배), 박형준

(1년 선배), 김우섭(1년 선배), 이기인(동기) 등은 한국에서 시인으로 맹활약을 하고 있었다. 이상하게도 한국에서는 시를 쓰고 싶다는 생각이 나지 않았는데 이역만리에서 생활전선에 뛰어들어 눈코 뜰 새 없이 바쁜 나날을 보내면서 시를 쓰고 싶은 생각이 굴뚝같아졌으니 알다가도 모를 일이었다. 미국 땅에서 처음 해본 생선 도매업은 시인에게 각별한 경험을 안겨주었는지, 시집의 제일 앞머리를 장식하고 있는 시는「등푸른생선」이다. 인천에서 태어나고 자라 그곳에서 대학까지 다닌 시인이 쓴 시이니만큼 생선 이야기를 어떤 식으로 풀어나갈지 궁금하다.

> 바다, 그 깊은 마을에선
> 사랑을 많이 할수록
> 등이 푸른가 보다
> 볼록한 아가미로
> 서로의 등을 닦아주다 보면
> 사랑의 언어들이
> 비늘이 되어
> 굽은 등으로
> 푸르게 새겨지는가 보다.
> ―「등푸른생선」첫 연

왜 심해에서 살아가는 생선들의 등이 푸른가를 생각해 보았다. "서로의 등을 닦아주다 보면／ 사랑의 언어들이／ 비늘이 되어／ 굽은 등으로／ 푸르게 새겨지는가 보다."라는 구절에 이르면 푸름이 '사랑'의 결과임을 알 수 있다. 아가미는 물고기에게는 호흡기일 터, 생선의 등이 푸른 것은 생명 기관인 아가미로 상대의 등을 닦아주기 때문이라는 성찰을 이 시는 보여준다. 한 생명체에게 호흡기란 그 존재의 생명 현상을 가장 두드러지게 가시화해 주는 곳이다. 그곳으로 상대의 등을 닦아주는 행위는 호흡을 나누는 일처럼 소중하고, 닦을수록 깊고 푸르게 변해가는 상대의 등에는 화자의 사랑이 고스란히 실려 있다. 그러나 그러한 등도 제2연에 가면 '이별'의 결과가 된다. "이별의 언어들이／ 무늬가 되어／ 아픈 반짝거림으로／ 푸르게 새겨지는가 보다."에 이르면 생선의 등이 푸른 것이 생이별의 결과임을 알 수 있다.

> 마흔을 넘어가는 가을
> 등이 점점이 가려워지는데
> 푸른 등일까 부끄러워
> 혼자서 거울 앞에 선다.
>
> ―「등푸른생선」끝 연

생선의 등이 푸른 것은 사랑과 이별을 많이 했기 때문이라는 시인의 상상력은 화자의 내면으로 귀결된다. "마흔을 넘어가는 가을"에 "등이 점점 가려워" "푸른 등일까 부끄러워/ 혼자서 거울 앞에 선다"는 상상은 결국 화자 자신이 등푸른생선과 다를 바 없다는 얘기다. 앞 연에서는 사랑의 결과였던 푸른색이 여기서는 뒤바뀌어 있다. '사랑'은 떠나온 고국에 대한 사랑이요 '이별'은 고국으로부터의 이별이 아닐까. 젊어 한창때는 서로 부대끼면서 살아도 짐짓 사랑의 몸짓으로 승화할 수 있지만 나이 들어 파랗게 된 등은 가려움증만 유발할 뿐, 그런 등을 긁어줄 상대도 없이 화자는 "혼자서 거울 앞에" 쓸쓸하게 서있다. 화자 자신 등푸른생선이 아닌가, 착각하는 것은 "사랑의 언어들"과 "이별의 언어들"을 그간 너무나 많이 뱉어냈기 때문일 것이다. 등은 여전히 푸른색을 띠고 있지만 만남과 헤어짐이 다반사인 삶 속에서 시인은 똑같은 현상을 놓고도 사랑과 이별이라는 상반된 정서를 가질 수밖에 없는 우리의 삶을 들여다보고 있는 것이다. 이제 미주중앙일보 신춘문예 당선작을 보자.

얼음 속, 줄지어 누워
서로의 상처를 덮어 주고 있었다.
넘은 파도 수만큼 돋아난

비늘을 곱게 두르고

어느 찬란한 바다 속에서

사랑을 하고, 이별을 하고

방황을 했을 그 심해의 수온을

기억하면서

― 비늘을 벗기고 배 따 주세요.

어릴 적 짙은 들쑥 내음 같은

비린내 나는 나무 도마 위에서

비늘을 털기 시작했다.

―「생선가게 일기」전반부

 이 시에도 "어느 찬란한 바다 속에서/ 사랑을 하고 이별을 하고/ 방황을 했을 그 심해의 수온을/ 기억하면서"라는 구절이 나오는 것으로 보아 생선은 과거에 사랑을 했고 이별을 한 어떤 존재다. 같은 바다에서 놀던 다른 생선과의 사랑과 이별의 경험일 수도 있지만 삶의 터전인 바다와의 사랑과 그 바다를 떠나온 아픔이 어떠했을지를 짐작케 한다. 손님에게 팔 생선을 손질하면서 화자는 생각해본다. 파도 하나를 넘을 때마다 돋아났을 거친 비늘을 벗겨내면서 그것을 곱다고 표현하는 것은 고통의 바다를 헤엄치던 물고기를 위로하는 마음이면서, 지금 화자의 손에서 그 비늘을 벗겨내야만 하는 안쓰러움을 표현한 것이다. 다음 시에서는 손님의 주문으로 생선 비늘을 털자 추억들이 우수수 떨어져 내린다.

> 갑자기 빛나는 추억들이 우수수 떨어지고
> 살며 주워온 부끄런 껍질들도 떨어지고
> 말갛게 드러나는 알몸
> 배를 가르면 쏟아져 나올까
> 숨겨두었던 사랑이며, 그리움들이
>
> 문득 소금기로 삐걱거리는 가게 문으로
> 파도가 밀려 들어와, 생선들은
> 얼음을 털고 일어나
> 작은 바다 하나를 만들고
> 난 새롭게 돋아날
> 푸른 비늘을 갖기 위해
> 하루 종일 파도를 넘었다.
> ―「생선가게 일기」 후반부

화자는 생선가게에서 일하며 생선 비늘을 벗기고 배를 가르는데, "숨겨두었던 사랑이며 그리움들이" 배를 가르면 쏟아져 나오지 않을까 생각해본다. 그리움이나 사랑 같은 정서는 누구에게나 언제나 부족한 정서다. 시인이라면 더 말해 무엇 하겠는가. 게다가 살던 터전을 떠나 머나먼 이국땅에서 어릴 적 바다냄새를 기억하며 생선을 팔고 있는 화자라면 그 마음이 얼마나 간절하겠는가. 그리하여 "새롭게 돋아날/ 푸른 비늘을 갖기 위해/ 하루 종일 파도를 넘"어 상상력의 세계 혹은 환상의 세계로 날아가는 것이다. 그것은 시의 세계다. 생업에 충실한 가운데 화자는 다른 세상을 꿈꾸고 있다. 그것은 시인의 마음이기도 하다. 뉴욕의 플러싱(Flushing, 플러싱은 시인이 사는 뉴욕의 동네 이름이다) 골목 코너에 새로 생긴 '뉴욕 포장마차'에 가서는 오랜만에 취해본다. 미국에서는 야심한 시간에 취해서 거리를 배회하면 강도에게 돈을 털리기 쉽다지만 한국에서는 포장마차에서 밤새 술 마시는 일이 조금도 부자연스런 것이 아니다.

    포장마차 안은 오직 떠나온 자들의 고된 꿈을
    용서하는 곳이니
    주머니 속 너절한 아메리카 드림
    휴지통에 구겨 넣고,
    오늘은
    비틀거리는 꼼장어에,

초겨울 뉴욕의 오뎅 국물에,

가슴속 숨어있는 아련한 첫사랑에

붉게 취하라 모두들.

―「뉴욕 포장마차」 후반부

  미국에서 살아가는 한국인 이민자들이어서 그런지 "Made in Korea 붙은/ 참소주 병을 목탁처럼 두들겨가며" 마시고 취한다. 그들이 꾸었던 꿈이 왜 "고된 꿈"이며 아메리카 드림이 왜 "너절한 아메리카 드림"일까. 돈도 웬만큼 벌어 생활은 안정되었을지라도 (대개는 그렇지도 않다) 미국에서의 삶은 팍팍하다. 특히나 한국에서는 버스 한두 번 타면, 지하철 몇 정거장만 가면 친구나 친지를 만날 수 있는데 미국에서는 승용차를 타고 수십 킬로미터를 가야 지인을 만날 수 있다. 밤 문화가 없으니 친구들과 술추렴하기도 쉽지 않다. 돈을 안 벌면 괴로운 나날이고 돈을 벌어도 외로운 나날이다. 몸은 뉴욕에 있지만 기억과 정서는 옛날로부터 완전히 떠나오지 못했다.

  열 살 아들이 전화를 했다.

"아빠, 나 hair cut했어."

"응, 잘했어. 이따가 보자."

늦은 밤 집에 들어가

잠든 아이의 머리를 쓰다듬는다.

그러다 가슴이 아련해 오면

내 가슴을 대신 쓰다듬는다.

쏟아 들어오는 별빛으로

눈이 따끔거리고,

가슴도 따금거리고

머리결처럼 고운

아이의 꿈 옆으로

고단한 잠자리를 편다.

―「뉴욕 일기」 전문

  이 시에서 우리가 알 수 있는 정보는 부자가 함께할 시간이 거의 없다는 것이다. 밤늦은 시간에 귀가하니 아들은 잠들어 있고, 가장은 잠든 아이의 머리를 쓰다듬는다. 그러더니 아이 옆에서 잠이 든다. 아내는 어디에 있는 것일까. 아이는 아빠랑 얘기를 하고 싶어서 전화를 했는데 한 말이란 것이 "아빠, 나 hair cut했어."가 전부다. 부자가 같이 자고 있지만 참 쓸쓸한 풍경이다. 뉴욕 플러싱에 있는 한양서점에서 시집을 한 권 사 들고 나오면서 시인은 인천에서의 지난날을 반추해 본다.

 새들이 떠나온 둥지 속의 적막함, 나무 새순이 트는 새벽의 고요함,
 봄비에 젖던 옛 애인의 청치마, 자유공원을 날던 비둘기 떼,
 희긋거리는 귀밑머리, 노던 블러바드 담벼락의 뜻모를 낙서들.
 긴 봄 풍경 모두가 젖어서
 따뜻한 오후입니다.
―「일요일 오후」 부분

어느 봄날 일요일 오후, 비가 내리고 있다. 시인은 노던 블러바드 담벼락의 뜻 모를 낙서를 보고 있는데 눈앞을 스치는 것은 "비에 젖던 옛 애인의 청치마"와 "자유공원을 날던 비둘기 떼"다. 몸은 뉴욕에 있는데 마음은 인천 자유공원에 가 있는 것일까. 그래서 "가슴에 멍 같은 샘물 하나 생겨"나는 것이고, "집으로 오는 길"에 "그 샘물에 많은 것들을 비워보는" 것이 아니겠는가.

 겨울 눈이
 하늘에서 땅으로 이민을 왔다.
 공항으로 마중을 나간다.

> 모든 세상이 신기한 눈은
> 아내와 아이들을 연줄 달고 펄펄 내려와
> 맨하탄의 세탁소를 덮고
> 브롱스의 델리 가게를 덮고
> 브르클린의 생선가게 지붕도 덮는다.
> 겨울 동안 눈은 꿈꾼다.
> 빛나는 겨울 햇빛과 바람을 만나
> 아름다운 은빛 한 생을 보내고
> 따스한 봄이 세상에 돌아온다면
> 후회 없이 하늘로 돌아가겠노라고.
>
> ―「눈 2」 전반부

 이 시는 뉴욕에서 이 가게 저 가게 하면서 본 눈, 그 눈 내린 날의 기억 속 풍경다. 이국에서의 생활이라는 것, 즉 한 가족이 낯선 곳에서 살아간다는 것은 참 고달픈 일이다. 비가 오나 눈이 오나 가게 문을 열어야 한다. "하늘에 남아 있는 부모들"과 "세상 어디론가 떨어질 자식들"을 생각하며 교회의 벤(ben)을 탄다. 차 안에서 보는 눈 내리는 바깥 풍경, "그렇게 눈 오는 새벽 플러싱은 / 아프게 고요하다." 윤영범 시인의 이번 시집에서 뉴욕을 무대로 한 것은 이상의 시가 전부인 것 같다. 거의 전부 고향 이야기다. 지금부터 시인의 고향 이야기에 귀를 기울여보자.

> 할머니의 할머니 적부터
> 허리를 펴고 빛을 받았네.
> 항아리 뱃속으로 얼굴을 묻고
> 밤색 햇빛이 출렁이는 고요로
> 얼굴을 씻네.
> 몰래 숨어 있던 바람이 놀라
> 슬쩍 된장방구를 끼고 날라가고,
> 눈을 반짝 떠보면
> 할머니의 지문에
> 어머니의 지문이 겹겹이 쌓여 있네.
> 목젖 열어 소리를 건네네.
> 떨림인가 울림인가
> 그리움 같은 두꺼운 메아리가
> 얼굴을 온통 감싸네.
> 항아리는
> 무엇이든 채우고 품어주는
> 고요한 자세로 평생을 사네.
> 비어 있는 아름다움이 있다는 것을
> 즐겁게 보았다네.
> ―「항아리의 자세」 전문

항아리에는 된장, 고추장, 간장, 김치 등 우리네 전통적인 양념과 음식이 담겨 있다. 항아리에는 바람이 통하고, 보관물들이 상하지 않게 시간을 잘 견딘다. 음식이 그 속에서 발효되면서 깊은 맛이 들고, 오래 보관할수록 오묘한 맛을 낸다. "할머니의 지문에／어머니의 지문이 겹겹이 쌓여 있"고 "무엇이든 채우고 품어주는／고요한 자세로 평생을" 산다. "할머니의 할머니 적부터／허리를 펴고 빛을 받"으며 살아온 항아리의 "비어 있는 아름다움"을 아는 이, 바로 윤영범이다. 사물시(事物詩)는 이외에도 「맷돌」 「동치미」 「효자손」 「시래기 다발」 「호박넝쿨」 「옛집」 등을 들 수 있는데, 그는 미국에서도 이와 같이 꾸준히 '우리 것'을 찾아내고 있다.

> 누이 댕기 고무줄로 한 묶음
> 어머니 무명 고름으로 한 묶음
> 검정 운동화 끈 풀어 또 한 묶음 묶어놓으면
> 바람은 비로소 우리에게
> 죽지 않고 흔들리는 법을,
> 겨울 햇빛은
> 알맞게 젖고 마르는 법을 가르쳐 주었다.
> ―「시래기 다발」 제2연

댕기 고무줄, 무명 고름, 검정 운동화 끈. 이보다 더 한국적일 수 없는 사물이다. 왜 시인은 미국 뉴욕에서 너무나 한국적인 사물을 떠올리는 것일까. 그곳에서는 이런 줄에 매달려 있는 시래기 다발을 볼 수 없기 때문이다. 시래기를 넣어 끓인 국을 먹을 수 없기 때문이다. 시인은 이런 사물에 천착하기도 하지만 어느 특정 장소에 대해 애착을 느끼기도 한다. 마음먹으면 갈 수 있는 곳이 아니라 가보기 참으로 어려운 곳이기 때문이다. 아니, '그때 그곳'은 영영 가볼 수 없는 곳이다.

소나무 향을 찾아서
온 사람은 아무도 없었다.

보리쌀을 씻는 소리들이
아침의 아랫도리를 벗기며
도랑을 타고 바다로 가고,
누이들이 부푼 가슴에 놀라
수줍게 얼굴을 닦는 아침.

박문사거리 정류장으로
6번 사각 버스가 절뚝이며 들어서고,
날마다 알맞게 분주한 만원버스 속에서

우린 솔잎 같은 눈을

껌벅이며 키가 커가고.

— 「송림동」 전반부

인천시 동구 송림동(松林洞)은 시인이 성장기를 보낸 곳이다. 집과 거리의 풍경과 만원버스의 풍경이 눈에 보이듯이 그려진다. 새벽에 일터(제철공장)로 나갔던 아비들이 "이마에 훈장 같은/ 두통 하나씩을 달고/ 웃으며 언덕길을 오르는/ 엄숙한 저녁" 풍경을 이제는 볼 수 없다. "수도국산 꼭대기 집들이 키우는/ 개들의 울음소리가 별을 스쳐 마을을 덮"는 시간도 흘러가버린 먼 옛날이다. 시인은 "젖은 몸으로 예배당 나무의자에 앉아/ 서로의 상처를 엿보"기도 했지만 "하얗게 겨울 새벽이 지는 소리", 그 새벽에 듣던 풍금 소리는 늘 따스했다고 기억한다(「삼거리 예배당」). 고향뿐만이 아니라 잊히지 않는 어떤 장소를 떠올리며 상념에 종종 잠기기도 한다.

가을이 혹 길을 잃는다면

가슴에 이름표 달고 집을 찾는다면

꼭 이 길로 되돌아올 것이다.

언젠가 청춘의 날에

그대와 내가 이 길을 걸으며

슬픈 작별을 하고

그날을 송두리째 잃어버렸던 것처럼.

가을은

코스모스 화석으로 온통 찍힌 이 길에 엎드려

엉엉 울면서 돌아올 것이다.

그날

난 바람이 되어도 좋으리

그대보다 먼저 이 길을 수없이 오갔던

기다림을 들키지 않도록

흰 햇살 머리에 점점이 찍어 넣으며

그대 눈물 반짝이게 할

바람이면 더없이 좋으리.

─「강화길, 코스모스 밭」 전문

이런 시에 시어로 '눈물'이 나오기도 하지만 시인의 그리움에 감염된 듯 코끝이 시큰해지는 감동을 느끼게 된다. 시인은 청춘의 어느 가을날, 강화도 가는 길에서 연인과 이별을 했던 것일까? 사실 여부가 중요한 것이 아니리라. 아픔도 아슴푸레해지고 슬픔도 서먹서먹해지는 세월의 터널을 통과해서 중년에 이르렀건만 그 코스모스 밭은 잊히지 않으니, 이 병의 이름은 향수병이리라. 시인은 충남 태안군 근흥면 도황리를 잊지 못한다.

 포구로 이어지는 황골 고갯길
 무릎까지 깔려있는 비린 안개를 걸으며
 아이들은 초겨울 무 서리를 떠나고,
 꽁꽁 묶여진 고깃배가
 별빛들로 만선되어 떠오르면
 커다란 모래사장이 파도를 일으키며
 또 다른 바다 속 세상이 되어버리는,
 밤 기슭을 돌아와
 마당 섬돌 신발들은 피곤한 몸을 포개어
 꿈에 젖고, 새벽너머
 출항을 기다리는 아버지의 기침소리가
 파도 소리처럼 출렁거리던
 도황리.
 그 고요한 은빛 새벽.
―「도황리」 후반부

 바닷가 마을인 도황리의 풍경을 그리기에 서경시(敍景詩)라고 할 수 있겠지만 서정과 서사를 아우르고 있기에 가슴으로 느끼게 되는 시다. 도황리를 아는 독자라면 크게 공감할 것이고 모르는 독자라도 감동을 받을 것이다. 만선의 저녁과 피곤한 몸 이면에 꿈에 젖은 달콤한 새벽이 있고, 그 새벽이 은빛으로 빛나는 포구에는 생명의 파도가 넘실거린다. 포구를 소재로 한 시가 참 많지만 이 시는 국내 시인의 어떤 포구 풍경화보다도 아름답고 생생하다. 아버지가 심은 복숭아나무는 지금 어떻게 되어 있을까?

>나무 한 그루 심고 손자놈 이름표 붙여주자며
>아버지가 키 작은 복숭아나무 한 그루 사오셨다.
>왜 무거운 것 들고 다니냐며 역정내는 어머니를 거들며 난 삽질을 한다.
>잘 무른 봄 마당을 한 삽 푸자 까마귀 한 마리 꺼억 하며 소나무 위에서 운다.
>나무를 심고 아버지와 아들과 나와 복숭아나무 이렇게 넷이서 봄볕을 맞으며
>사진을 찍었다.
>새순이 텄으니 이틀이면 꽃이 필 게다.
>나무가지에 손자 쪽지명패 걸며
>아버지는 풀어진 흰 머리카락 추스리고 꽃처럼 웃었다.
>사진에는 눈물이 안 보였으면 좋겠다.
>―「복숭아나무를 심고」 전문

시에는 3부자가 등장한다. 화자의 아버지는 자신의 손자 탄생을 기념하여 복숭아나무 한 그루를 사 와서 심는다. "나뭇가지에 손자 쪽지명패를 걸며" 아버지는 "풀어

진 흰 머리카락 추스르고 꽃처럼 웃었다". 시의 마지막 행 '눈물'은 누가 흘린 것인가. 화자다. 그 기쁜 날 왜 울었던 것일까. 연로한 아버지는 이 나무가 다 자라기 전에 돌아가실 것이다. 훗날 사진을 보면서 3부자가 복숭아나무와 사진을 찍었던 날을 그리워하며 눈물지을 일을 생각하니 눈물이 미리 나오는 것이다. 어떤 날에는 '소리'가 사무치게 그립기도 한가 보다.

> 그때,
> 무슨 소리들이 그곳에 있었더라
> 싸락눈 내리던 날
> 기와지붕의 결을 따라
> 도둑고양이들이 찍어대던 발자국 소리.
> 마루 머리에 늘어선 시래기 다발이 흔들리던 소리.
> 벽지에 그려놓은 그림일기 뒤로
> 흔들리던 백열등에 달라붙던 우리들의
> 웃음소리들.
> 그 소리들 뒤로 아득히 들리던 어머니의
> 밤 빨래 소리.
> 그리고 모두가 잠든 고요한 새벽
> 잠결로 뜨믄뜨믄 성경책 넘기는 소리.
> ―「옛집」 전반부

옛날 생각을 하니 다섯 가지 정겨운 소리들이 차례로 귓가에 맴돌게 되었던 것이다. 우리는 시인이 그린 어떤 장면 회상기나 이미지(특히 후각과 미각) 구사를 통해서도 시인이 느끼는 '향수(鄕愁)'에 공감하게 되지만, 청각 이미지도 결코 무시해선 안 된다.

영혼들이 있다면
모두 불러 다시 한번 모여 살고 싶은 집.
고양이도, 시래기 다발도, 겨울 빨래도
어머니도

지금,
그 소리들을 찾아서
눈 내리는 유니온 스트릿을 서성거린다.
―「옛집」후반부

제1연은 과거지사에 대한 회상이고 제2연은 소망 내지는 가정이다. 제3연은 현실이다. 화자는 지금, 그 소리들을 찾아서 "눈 내리는 유니온 스트릿을 서성거린다". 안타깝지만 어쩌랴, 과거는 흘러갔고 고국은 태평양 저 너머에 있는 것을. 노스텔지어의 손수건을 시인이 이렇듯 수시로 흔들고 있지만 그것을 봐줄 사람이 없다는 것이 슬픈 현실이다. 인간은 미각에 대한 집념이 강한 동물인데, 이 시를 보니 청각에도 민감한 육체임을 새삼 알게 된다.

이 시집에는 '그리움', '설레임'(표준어법에 따르면 '설렘'이 맞다) 같은 감정을 나타내는 낱말이 많이 나온다. '기억'과 '이별'도 간간이 보인다. '아픈', '슬픈' 같은 형용사의 빈도도 높다. 어떤 때는 시인이 센티멘털리즘에 사로잡혀 시를 쓰기도 했지만 대체로 추억을 따뜻하게 간직하고 아름답게 묘사하고 있다. 그 추억의 힘으로 윤영범은 현실의 어려움을 극복해 나갔는지도 모르겠다. 자신이 주장하여 미국으로 솔가해 온 이상 이 사회에 적응하여 멋지게 살아가야지, 실패의 깃발을 내리고 한국행 비행기를 탈 수는 없는 것이다.

이미 미국 시민이 된 이상 고향에 대한 꿈과 추억에만 젖어서 살아갈 수는 없다. 이제는 미국에서의 삶, 미국에서의 꿈을 노래해야 한다. 과거지사에 대한 회한보다는 일상사의 이모저모와 미래를 향한 희망을 들려주기를 바란다. 한국에서의 추억을 뒤적거리면서 상념에 젖기보다 미국에서의 치열하고 고달픈 생활을 실감나게 표현했으면 한다. 과거사에 묻혀 있는 시인의 정서를 현재의 지표면으로 건강하게 끌어내기를 바란다. 이 시집은 제1시집이니 만큼 한국에서의 삶과 꿈을, 기억과 향수를 다루어야만 했을 것이다. 그런 작업을 하고 난 뒤에야 시인은 대나무가 마디 하나를 만들며 성장해 나가듯 다음 단계로 나아갈 수 있을 것이다. 그런 뜻에서 첫 시집의 출간을 진심으로 축하한다. 시인의 제2시집이 벌써부터 기다려지는 것은, 다음 시집에서는 한국에서의 추억(먼 과거)이 아닌 미국에서의 애환(가까운 과거)을 다룰 것으로 예상하기 때문이다. 사업 쪽에 쏟던 열정을 이제부터는 시를 쓰는 일에 더 쏟아 붓는 윤영범 시인이 되기를 바랄 뿐이다.

문학나무 시선 014
그리움도 숨을 쉬어야 산다

1쇄 발행일 | 2016년 09월 09일

지은이 | 윤영범
펴낸이 | 윤영수
펴낸곳 | 문학나무
편집주간 | 황충상

편집실 | 03085 서울 종로구 동숭4나길 28-1 예일하우스 301호
이메일 | mhnmoo@hanmail.net

출판등록 | 제312-2011-000064호 1991. 1. 5.
주소 | 영업부 | 03673 서울 서대문구 명지대1라길 24-4 지하 1층(남가좌동 5-5)
전화 | 02-302-1250, 팩스 | 02-302-1251
ⓒ 윤영범, 2016

값 10,000원
잘못된 책은 바꾸어 드립니다
지은이와의 협의로 인지는 생략합니다
무단 전재 및 복제를 금합니다

ISBN 979-11-5629-037-7 03810